BUSCADORES DE ESTRELLAS

por Stephanie Sigue

Scott Foresman
is an imprint of

Glenview, Illinois • Boston, Massachusetts • Chandler, Arizona
Upper Saddle River, New Jersey

ISBN 13: 978-0-328-53540-8
ISBN 10:   0-328-53540-0

2 3 4 5 6 7 8 9 10 V0N4 13 12 11 10

Supón que tu padre te llevará a un partido de futbol pero no conoce el camino. Si van en un carro con localizador pueden usarlo para saber cómo llegar. Un localizador le indica una dirección a la computadora del carro que envía la información a un satélite en el espacio. El satélite determina la posición del carro y envía instrucciones de vuelta.

¿Pero qué ocurría antes de que existieran localizadores, computadoras, satélites y mapas? ¿Cómo iban las personas de un lugar a otro?

Las personas observaron el cielo y vieron que las estrellas eran puntos que podían usar como guía. Decidieron observar más el cielo y las estrellas. Este libro explorará cómo los hombres observaron y explicaron ciertos elementos de la naturaleza, y cómo usaron esa información.

MIRAR LAS ESTRELLAS

En una noche clara podrías ver unas dos mil estrellas a simple vista. Con un telescopio podrías ver muchísimas estrellas más y de una forma muy diferente.

En la antigüedad la gente no sabía qué eran las estrellas. Según la mitología griega, las estrellas eran dioses. Pero los científicos descubrieron que las estrellas son principalmente gases de hidrógeno y helio cuyo calor hace que emitan luz. Cuando una estrella envejece, su hidrógeno se agota. Entonces, la estrella se expande y cambia de color.

Las distancias entre las estrellas se miden en años luz. ¡Un **año luz** equivale a 6 billones de millas! La estrella más cercana en nuestro sistema solar está a 4.3 años luz de distancia. El sol está a 93 millones de millas de la Tierra.

LAS ESTRELLAS Y EL UNIVERSO

Gracias al estudio y al desarrollo de diferentes instrumentos que permiten observar la naturaleza, ahora se sabe mucho sobre las estrellas. Éstas generalmente giran alrededor de una o dos estrellas distintas. En muchos casos un grupo de estrellas parece una sola. Algunas viajan por el espacio en pequeños grupos de dos o tres, o en grandes grupos de decenas de millones. Estos grupos se llaman cúmulos. Aún más grandes que los cúmulos son las galaxias. Una **galaxia** puede tener cientos de miles de millones de estrellas.

Algunas galaxias tienen formas que ya conoces, como la de un molinete. Las galaxias contienen gas y polvo y se mantienen unidas por la gravedad. Nuestra galaxia, la Vía Láctea, está formada por el Sol, los planetas y más de 200 mil millones de estrellas.

La Vía Láctea

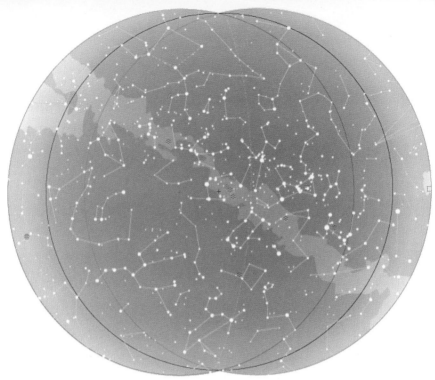

Un mapa muestra muchas de las constelaciones.

CONSTELACIONES

Las **constelaciones** son grupos de estrellas que crean formas en el espacio. Los pueblos antiguos les ponían nombres de criaturas mitológicas. También les daban nombres de dioses y de héroes de leyendas. Algunas personas pensaban que la aparición de estas figuras significaba algo y que provocaría algún cambio en la naturaleza.

Los **astrónomos** son científicos que estudian y explican lo que ocurre en el universo. Le han dado nombre a ochenta y ocho constelaciones. Los astrónomos de la antigüedad creían que la Tierra era el centro del universo. Pensaban que el Sol, la Luna y las estrellas giraban alrededor de la Tierra.

La Osa Mayor

La Osa Mayor, o *Ursa Major*, es una de las constelaciones más conocidas. Tiene una estrella muy famosa y un grupo de estrellas muy famoso. La estrella famosa es la estrella Polar. Al grupo famoso de estrellas se le conoce como el cazo, el carro mayor o la Osa Mayor.

Un grupo de siete estrellas brillantes se conectan para formar el cazo. Directamente encima de las dos estrellas que forman el lado más lejano del "cazo" (opuesto al "mango" del cazo) está la estrella Polar. Las dos estrellas del cazo indican la dirección de la estrella Polar.

La estrella Polar ha sido siempre la más importante del hemisferio Norte para la navegación astronómica, porque siempre se encuentra cuando se mira el Norte.

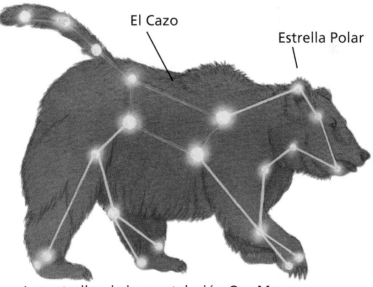

El Cazo

Estrella Polar

Las estrellas de la constelación Osa Mayor

7

Leo

Orión

ORIÓN Y LEO

Orión es la constelación con más estrellas brillantes. Algunos pensaban que era el guerrero Orión con un garrote, una capa y una espada en su cinturón. Las tres estrellas del cinturón son muy fáciles de ver durante el invierno.

En la primavera se pueden ver cinco estrellas que forman un signo de interrogación final al revés. Forman la cabeza de Leo, el león. Leonis es la estrella que indica el corazón de Leo. A la izquierda de Leonis hay tres estrellas con la forma de un triángulo. La más brillante es la de la punta de la cola.

Orión, Leo y Leonis son sólo algunas de las muchas estrellas y constelaciones que los antiguos exploradores conocían y usaban para averiguar dónde se encontraban.

De los antiguos exploradores, Cristóbal Colón es quizá el más famoso. Es conocido tanto por los lugares donde anduvo como por los distintos grupos de personas que conoció en sus viajes. Colón es, además, un buen ejemplo de cómo los antiguos exploradores navegaban usando las observaciones, los instrumentos y el conocimiento que tenían a su disposición.

Sigue leyendo para aprender más sobre navegantes como Colón y cómo podían trazar una ruta basándose en lo que veían en la naturaleza.

Estatua de Cristóbal Colón

LOS ANTIGUOS EXPLORADORES MIRABAN AL CIELO

Hallar el camino sin perderse no siempre fue fácil. Exploradores como Colón sólo tenían mapas y una brújula como ayuda. Debían observar el Sol, la Luna y las estrellas y usar la información que obtenían de sus observaciones para guiarse.

Durante el día, los antiguos exploradores dependían del Sol. Como el Sol sale por el Este, los exploradores sabían que estaban navegando hacia el Sur si el Sol salía a su izquierda. Si el Sol salía a su derecha, sabían que estaban navegando hacia el Norte. ¿Pero qué hacían por la noche?

Piensa en cómo era el océano por la noche. Después de que el Sol se escondía, los exploradores sólo tenían la Luna y las estrellas como guías. Por eso miraban al cielo en busca de estrellas y constelaciones que los ayudaran.

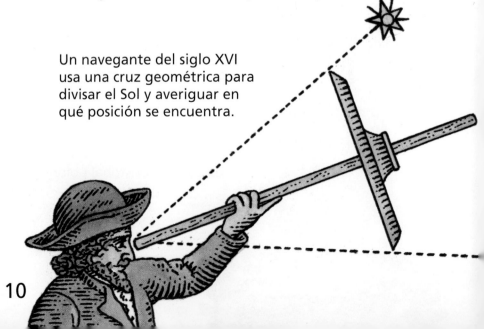

Un navegante del siglo XVI usa una cruz geométrica para divisar el Sol y averiguar en qué posición se encuentra.

Los antiguos exploradores y la navegación

Un navegante es alguien que traza la ubicación y el curso de una nave. Todos los navegantes necesitan información sobre el tiempo, la dirección, distancia, velocidad y ubicación.

Exploradores como Colón usaban una técnica de navegación llamada **navegación a estima**. Con la navegación a estima, un capitán comenzaba a navegar desde un lugar conocido y medía la dirección y la distancia de cada día. La posición final de cada día era el punto de comienzo de la medición del día siguiente. Los navegantes usaban una brújula magnética para medir la dirección. Calculaban la distancia recorrida multiplicando la velocidad de la nave por el tiempo de viaje.

Brújula usada por los antiguos marineros.

11

Colón y la navegación astronómica

Cristóbal Colón también usó técnicas de **navegación astronómica**. La navegación astronómica usa el Sol, la Luna y las estrellas para medir la latitud. La **latitud** es la distancia al norte o al sur del ecuador. Los geógrafos trazan líneas de latitud del ecuador a los polos. Los navegantes del siglo XV medían la latitud para saber dónde estaban.

En la época de Colón, el **cuadrante** era la herramienta más importante para la navegación astronómica. Los cuadrantes se usaban para medir la distancia en grados entre la estrella Polar y el horizonte. La lectura indicaba los grados de latitud sobre el ecuador. Esta lectura indicaba la ubicación de la nave.

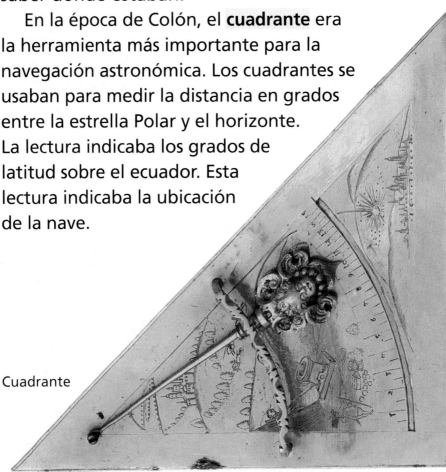

Cuadrante

Las olas del mar hacen que sea difícil mantener estabilizado un cuadrante. La estrella Polar está a veces oscurecida por las nubes. Y el horizonte puede ser difícil de ubicar por la noche debido a la oscuridad. Todo esto hace que la navegación astronómica sea difícil.

Al mismo tiempo que exploradores como Colón buscaban mejores maneras de navegar, los científicos encontraban mejores maneras de estudiar el cielo. Sigue leyendo para aprender sobre los instrumentos que usaron los científicos para probar las teorías que explicaban lo que observaban en el cielo. También averiguarás cómo los científicos colaboraron para tener mejores instrumentos e ideas.

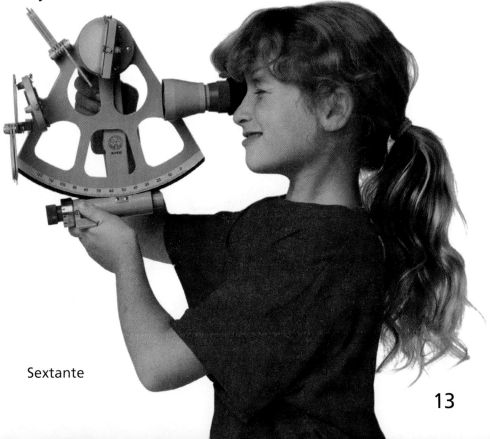

Sextante

Un descubrimiento científico importante

Las técnicas de medición que se usaban durante las antiguas expediciones no eran precisas. Esto hacía que los navegantes se equivocaran por unas cuantas millas. Si el mal tiempo impedía que los exploradores observaran el cielo, los resultados eran peores. Las explicaciones que surgían a partir de estas observaciones tampoco eran precisas.

La navegación finalmente contó con la ayuda de tres científicos: Nicolás Copérnico, Hans Lippershey y Galileo Galilei. Las explicaciones e invenciones de este trío allanarían el camino para los viajes y las exploraciones espaciales.

Copérnico fue un astrónomo polaco que propuso una nueva teoría para explicar el sistema solar. Decía que el Sol era el centro del sistema solar. Esta teoría iba en contra de la explicación que daban ciertos grupos poderosos. Ellos ponían a la Tierra al centro del sistema solar.

Un catalejo se convierte en telescopio

Tuvo que inventarse el lente para probar la teoría de Copérnico. Nadie sabe realmente quién inventó el lente. Lo que sí se sabe es que los anteojos fueron inventados en el siglo XIII. Se cree que el inventor notó, mientras hacía vidrios de ventanas, que podía ver mejor si miraba a través de ellos.

El catalejo fue inventado alrededor de 1600 por Hans Lippershey, un holandés que hacía anteojos. Algunos piensan que dos niños jugaban con sus anteojos y pusieron dos de ellos juntos. Cuando miraron a través de los lentes hacia la torre de una iglesia, la vieron ampliada. Lippershey supuestamente usó este descubrimiento para crear el primer catalejo.

La noticia sobre el invento se propagó por toda Europa. Una de las personas más interesadas fue el científico Galileo Galilei.

POR QUÉ GALILEO ES IMPORTANTE

Galileo ya era conocido cuando se enteró del invento de Lippershey. Galileo estudió el catalejo de Lippershey e hizo uno más grande. El catalejo de Galileo hacía que los objetos se vieran veinte veces más grandes de lo que eran. Le permitía ver cosas que nadie había visto antes en el cielo nocturno y explicar ciertos eventos usando esta información. Vio montañas, valles y cráteres en la Luna. Pudo observar que la Vía Láctea estaba formada por miles de millones de estrellas. Las observaciones y descubrimientos de Galileo fueron importantes, pero había gente que no le creía.

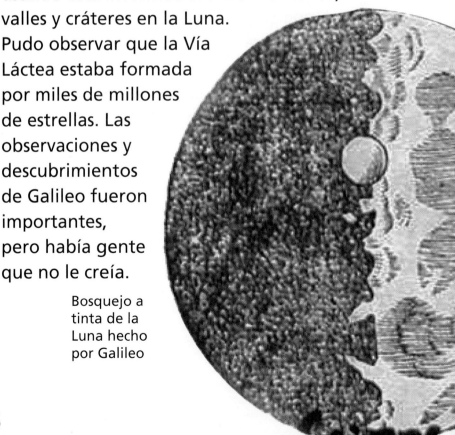

Bosquejo a tinta de la Luna hecho por Galileo

16

Esa gente pensaba que la Luna era lisa y que Galileo los quería engañar con su explicación. Para probar que se equivocaban, Galileo Galilei siguió con sus observaciones.

Una noche de 1610, Galileo notó cuatro objetos cerca de Júpiter que nadie había visto antes. La noche siguiente los volvió a ver, pero en un lugar diferente.

Lo que Galileo había descubierto eran las lunas de Júpiter. Las observaciones le permitieron explicar que las lunas viajaban alrededor del planeta. Galileo también descubrió "estrellas" que giraban alrededor del planeta Saturno. Esas "estrellas" fueron identificadas luego como los anillos de Saturno. Más importante aún fue que Galileo vio la luz del Sol moverse por el planeta Venus. Esto probaba que Venus viajaba alrededor del Sol, no alrededor de la Tierra. ¡Copérnico tenía razón! El Sol, no la Tierra, era el centro de nuestro sistema solar. La Tierra no era más que otro planeta.

Réplica del telescopio de Galileo

GALILEO Y NEWTON

Galileo publicó sus descubrimientos en su libro *El mensajero de las estrellas*. Además, comenzó a vender sus catalejos. En 1611 hubo un banquete en honor a Galileo. En el banquete, el catalejo de Galileo fue bautizado con el nombre de **telescopio**, que combina las palabras griegas *tele*, o "a lo lejos", y *skopo*, que significa "visión".

Los primeros telescopios permitieron que la luz pasara en línea recta desde el lente del frente hasta el ocular del lado opuesto del tubo. Estos telescopios eran **refractivos**. El lente del frente cambiaba de dirección, o refractaba, la luz.

Setenta años más tarde, un inglés, Isaac Newton, inventó un nuevo tipo de telescopio. Al igual que Galileo, Newton era un científico interesado en el movimiento y la fuerza. La fama de Newton se debe a su descubrimiento de la gravedad. La teoría de la gravedad explica por qué los objetos caen al suelo cuando no existe una fuerza opuesta que los detiene.

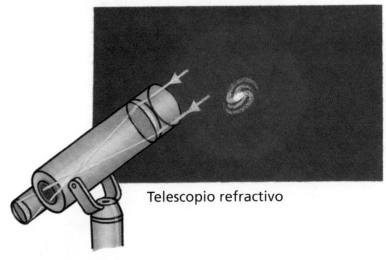

Telescopio refractivo

18

TELESCOPIOS POSTERIORES

Newton estaba interesado en la luz y el color. Ese interés lo llevó a diseñar un telescopio reflexivo que usaba espejos reflectores en vez de lentes. En el diseño de Newton, un espejo curvo tenía un ángulo tal que reflejaba la luz por un ocular a un lado. El telescopio de Newton era más corto que el de Galileo y mucho más fácil de usar. No sólo eso, sino que las imágenes eran más grandes y más nítidas. Los astrónomos deberían esperar otros trescientos años hasta la próxima gran mejora en el diseño de los telescopios.

Telescopio reflexivo

EL TELESCOPIO HUBBLE

George Hale fue un estadounidense nacido en Chicago. Desde los dieciséis años hasta que murió en 1938, Hale trabajó para construir telescopios que proporcionaran grandes imágenes del Sol. Hale finalmente diseñó el telescopio de 200 pulgadas de Monte Palomar. George Hale fue un maestro en la construcción de telescopios grandes.

Los científicos siguen mejorando el diseño de los telescopios. En 1990 la NASA (Administración Nacional de Aeronáutica y del Espacio) envió un telescopio especial al espacio llamado Telescopio Espacial Hubble. El telescopio recibió su nombre en honor al astrónomo Edwin Hubble. El telescopio ha enviado a la Tierra fotos extraordinarias de las estrellas.

Dibujo del telescopio Hubble

Has leído sobre las estrellas y las constelaciones y sobre dónde ubicar algunas de ellas. También leíste sobre cómo los antiguos navegantes usaban las estrellas para orientarse. Por último, leíste sobre cómo los científicos usaron nuevos e importantes instrumentos para explicar lo que ocurre con las estrellas y otros cuerpos del cielo. Como puedes ver, desde hace mucho tiempo, las personas han observado el cielo y usado esta información para guiarse y para explicar ciertos eventos de la naturaleza.

¡Inténtalo!

Investigar el telescopio Hubble

En la página 20 leíste sobre el telescopio Hubble. El telescopio Hubble es uno de los telescopios más avanzados que existen. Puede fotografiar objetos que están a miles de millones de años luz de distancia.

Con la siguiente actividad puedes averiguar mucho más sobre el telescopio Hubble.

Primero, formen, en un pequeño salón de clases, grupos de hasta cinco estudiantes. Luego, cada miembro del grupo investigará una pregunta relacionada con el telescopio.

Las siguientes son algunas buenas preguntas para investigar: ¿Cómo funciona el telescopio? ¿Cómo y cuándo fue lanzado? ¿Qué información se ha conseguido con este telescopio? ¿Qué eventos de la naturaleza se han podido observar o explicar?

Una vez que hayan investigado las preguntas, cada estudiante puede presentar sus descubrimientos a la clase. Alguien que tome notas podrá resumir los descubrimientos de todos.

Glosario

año luz *s. m.* Distancia que un rayo de luz recorre en el espacio en un año.

astrónomos *s. m.* Científicos que estudian el sistema solar, nuestra galaxia y el universo.

constelaciones *s. f.* Grupo de estrellas que se pueden ver como dibujos en el cielo. Hay ochenta y ocho constelaciones en total.

cuadrante *s. m.* Instrumento usado en la época de Cristóbal Colón para medir la distancia entre la estrella Polar y el horizonte.

galaxia *s. f.* Gran conjunto de estrellas, gas y polvo que se mantiene unido por la fuerza de la gravedad.

latitud *s. f.* La distancia de algo hacia el norte o sur del ecuador de la Tierra.

navegación a estima *s. f.* Método usado por los antiguos navegantes para averiguar la ubicación de sus naves.

navegación astronómica *s. f.* Utilización de los objetos del cielo para trazar la dirección de una nave.

refractivos *adj.* Cuando se causa que la luz cambie de dirección.

telescopio *s. m.* Instrumento que hace que objetos lejanos parezcan cercanos. Con frecuencia los telescopios se usan para mirar objetos del sistema solar.